La révolution française

1850

HENRI BAUDRILLART

TABLE DES MATIERES

LES NOUVEAUX HISTORIENS DE LA RÉVOLUTION FRANÇAISE ET LA RÉVOLUTION DE FÉVRIER

I. Histoire des Causes de la Révolution française, par M. Granier de Gassagnac, 4 vol. in-8°, 1850. - II. Histoire de la Révolution française (1789), par M. Villiaumé, 4 vol. in-8°, 1850.

Combien de gouvernemens cette espèce de sphinx mystérieusement impitoyable qu'on appelle la révolution française n'a-t-il pas déjà dévorés ! Nous poursuivons encore le mot tant cherché, et pourtant autour de nous les donneurs de solutions ne manquent pas. Pour ce grand événement, l'ère des commentateurs a suivi de bien près celle des historiens. Avant février, on se bornait à raconter la révolution ; aujourd'hui, on la discute, on la combat ou on la défend, on la nie ou on la proclame. Ce n'est plus d'un fait lointain qu'il s'agit, c'est de nous-mêmes, c'est de notre situation présente et de notre avenir. Comment ne pas se préoccuper de cet étrange effort de l'opinion, tantôt pour résoudre, tantôt pour nier un des plus redoutables problèmes qui aient jamais pesé sur l'existence d'une nation ? Il y a là un spectacle digne assurément d'attention, même dans ses côtés les moins sérieux en apparence, et, si l'on peut sourire en un pareil débat de la folle ou puérile vanité de quelques jouteurs, il n'est guère permis de contester l'importance des questions qui les poussent dans l'arène.

Le moment ne serait-il pas venu de résumer dans ses phases diverses cette longue tentative qui se continue depuis bientôt trente années pour deviner une énigme dont le mot semble toujours se dérober ? La révolution de février nous a montré sous un jour nouveau des événemens qui nous avaient long-temps apparu à travers le prisme des passions ou des intérêts politiques. C'est un fait désormais bien reconnu qu'on peut ramener à trois interprétations les diverses solutions proposées jusqu'à ce jour de la révolution française : - l'interprétation libérale et parlementaire, - l'interprétation radicale, - ou enfin, si nier un problème n'est qu'une façon abrégée de le résoudre, l'interprétation contre-révolutionnaire. La révolution n'ayant et ne pouvant avoir que ces trois sens, chacun du reste plus ou moins large, force nous est de choisir. Malheureusement, ces diverses interprétations s'offrent à nous sous tant de masques usurpés et au milieu d'un tel cortége de tristes souvenirs, que la France en est devenue, elle si enthousiaste, un peu défiante, un peu sceptique. Tandis que les partis, exprimant à leur manière cet état d'indécision, atténuent leurs principes pour qu'ils puissent passer, et se hâtent de voiler leurs symboles pour qu'ils ne blessent pas les yeux, la masse, de son côté, hésite et flotte, inquiète, agitée. Elle se demande s'il faut bénir ou déplorer cette révolution, dont le terme paraît reculer sans cesse, s'il faut l'accepter tout entière ou seulement en partie. La révolution, semble-t-elle se dire, est-elle dans toutes ses pensées le bien absolu ? D'où vient alors que tant de mauvaises passions l'invoquent ? - Est-elle le mal absolu ? Comment alors expliquer l'enthousiasme qu'elle a excité chez tant d'hommes intelligens et honnêtes ? - Un demi-siècle, dans sa représentation la plus éclairée, se trompe-t-il ainsi du tout au tout ? Le mal ne viendrait-il pas moins d'elle encore que de ses faux amis et de ses faux interprètes ?

Telle est heureusement notre position vis-à-vis des amis et des adversaires de la révolution française que nous n'en sommes pas réduits à leur égard à des hypothèses logiques et à des prédictions de prophète : on les a vus à l'œuvre. Chacune des trois interprétations semble nous dire : Jugez-moi, jugez-moi comme doctrine, par les publicistes qui m'ont défendue ; - comme fait, par le bien ou par le mal que j'ai produit ! - Voyez, par exemple, l'interprétation de la révolution dans le sens libéral et parlementaire. N'a-t-elle pas, par devers elle, toute une histoire, qui permet, si la révolution signifie liberté, de la glorifier ou de la condamner sans appel ? Essayée sans succès en 1789, mais non alors professée sans éclat, refoulée sous la république et l'empire, tour à tour au pouvoir ou dans l'opposition pendant les quinze années de la restauration, victorieuse en 1830, elle a régné pendant les dix-huit années du gouvernement de juillet, régné, dis-je, sans interruption, pour quiconque ne vient pas s'achopper aux différences et aux détails. Ses défauts d'exécution, si grands qu'ils aient pu être, n'en font pas partie intégrante. Se donnant comme une conclusion à la révolution française, comme une conclusion, notons-le tout de suite, dont le caractère est précisément de n'exclure aucun progrès et de les permettre tous, le système libéral et parlementaire a pour triple fondement la liberté garantie et réglée, l'égalité civile, le gouvernement représentatif, pour moyens inévitables de gouvernement, une certaine pondération dans les pouvoirs, un grand compte tenu des influences naturelles et des faits existans. Sans prétendre que la république et la monarchie soient deux mots vides de sens, deux formes indifférentes, on peut croire que la question libérale et parlementaire, dans sa généralité la plus haute et dans son essence si souple, se pose, pour ainsi dire, au-dessus de leur tête.

Quant au parti trop nombreux qui interprète la révolution par le radicalisme et la démagogie, une première remarque est à faire à son sujet. Tandis qu'entre les partisans du système libéral il n'y a que des nuances plus ou moins accusées, on trouve entre les défenseurs du radicalisme des différences telles qu'elles vont jusqu'à la contradiction mauvais signe pour la vérité de la doctrine ! L'interprétation radicale hésite entre l'hébertisme et Robespierre, entre M. Proudhon et M. Louis Blanc, en un mot entre l'anarchie et le despotisme ; il est juste pourtant de reconnaître qu'en général elle les associe. L'un exigera l'absolutisme comme moyen et une liberté anarchique comme but ; l'autre voudra l'anarchie comme instrument en se proposant le despotisme comme objet final ; là est, avec sa différence essentielle, l'incontestable unité de l'école. Elle aussi a eu son règne, et on s'en souvient ! Elle s'est fait assez connaître sous le nom de comité de salut public. Matée sous l'empire, se cachant dans les profondeurs sous la restauration, frémissante sous le gouvernement de 1830, elle a vu refleurir, de février à juillet 1848, quelques-uns de ses beaux jours d'autrefois. Elle a passé depuis par des phases décroissantes de succès, sans se tenir jamais pour battue : elle espère toujours. Son émigration a commencé dès l'heure où elle a vu reparaître, indignée, un uniforme dans la rue et un peu d'ordre dans la loi ; Londres est son Coblentz. Groupée autour de deux ou trois prétendans qu'elle pousse et qu'elle déborde, on l'entend d'ici, cette émigration révolutionnaire, renchérissant sur celle qu'elle se croit le droit de maudire et de ridiculiser, injurier elle-même ses soldats suivant la date de l'exil et l'antiquité des parchemins, et mendier tout haut à son tour l'argent et l'appui de l'étranger. On la verrait guider volontiers dans nos rues une armée non de Cosaques, mais d'ouvriers allemands, et agiter aux fenêtres le drapeau rouge.

L'interprétation démagogique est condamnée d'ailleurs à ne pas s'arrêter : la logique absolue est de son essence il faut qu'elle aille, et toujours, et jusqu'au fond, ou qu'elle cesse d'être. Pour elle, révolution ne veut pas dire liberté, mais nivellement. Aussi soutient-elle, et avec raison, suivant son point de vue, que la révolution française est lâchement trahie toutes les fois qu'elle ne vient pas aboutir aux conséquences les plus extrêmes. Injuste envers le système libéral, lorsqu'elle lui adresse le reproche d'inconséquence, comme si le système libéral n'avait pas pour caractère éminent de poursuivre non un principe unique, mais la conciliation de plusieurs principes, elle n'est que fidèle à elle-même quand elle ne veut se contenter ni du suffrage universel, ni d'une assemblée unique, ni d'un pouvoir exécutif à courte échéance. Pour qu'elle se trouve un peu satisfaite, ses publicistes les plus autorisés sont là pour le dire, il lui faut le peuple incessamment assemblé, nommant et révoquant tous les fonctionnaires de tous les ordres, élisant ses députés et pouvant les destituer comme de simples commis, chaque jour et à chaque heure ; il lui faut, en un mot, le peuple décidant tout par lui-même. Jusque-là on peut bien être, à ses yeux, sur la pente de la démocratie absolue, mais il est faux que celle-ci règne ; la révolution française n'est qu'en voie de succès, elle n'est pas finie.

La solution contre-révolutionnaire a fait long-temps la morte. On dirait qu'elle se réveille. Est-ce la vie qui, chez elle, tressaille encore au contact des excès récens de la révolution, ou n'est-ce qu'une sorte de galvanisme machinal qui lui donne une secousse factice ? Doctrine imposante autrefois, quand elle avait Dieu pour source, Bossuet pour interprète et De Maistre pour défenseur héroïque, comment se présente-t-elle aujourd'hui ? Historiquement elle a peu réussi. Napoléon a fait deux choses à l'égard de la révolution française : au point de vue social, il l'a maintenue et organisée ; politiquement, il l'a combattue. Personne n'a fait davantage pour l'égalité civile ; personne n'a plus fait contre la liberté ; nécessité ou non, cela ne lui a pas porté bonheur. Sans abuser de l'aveu que lui arrachait l'exil, quand il proclamait que les idées libérales avaient plus contribué à sa chute que les armées coalisées, il est certain qu'elles en furent, au moment le plus décisif, une des causes déterminantes. C'est encore, il faut bien le reconnaître, la même solution anti-libérale qui a fait prendre à la restauration le chemin de l'exil.

Agiter la question de la révolution française, c'est, on le voit, et on le sait de reste, être encore, qu'on le veuille ou non, au cœur de la politique contemporaine ; je pourrais ajouter au cœur même de la pensée moderne. Et certes, pour le dire en passant, si quelque chose dispense d'établir une fois de plus que la révolution n'est pas un fait accidentel, suivant la vieille thèse que nous voyons le paradoxe reprendre en sous-oeuvre, c'est cette fécondité même qu'elle ne cesse de déployer, tant dans la sphère des réalités positives que dans celle des idées. Dieu n'a donné à un pur accident une telle puissance ; ni pour le bien, ni pour le mal, ni pour le vrai, ni pour le faux. Que de systèmes ne produit-elle pas tous les jours cette révolution, fille elle-même, en partie, des systèmes ! Les théories même plus spécialement philosophiques, en Allemagne et en France, ne semblent-elles pas, pour la plupart, s'échapper de son sein, comme on a dit que toute l'antique poésie sort d'Homère ? Ainsi qu'une religion, elle a eu et elle a ses apôtres, ses illuminés, ses martyrs, ses inquisiteurs, ses schismes, ses hérésies, ses sectes sans nombre. Depuis que les pieuses histoires ne paraissent plus guère charmer et enflammer ses veilles, c'est là que le peuple vient le plus souvent s'enivrer de souvenirs, chercher ses objets d'imitation, de culte. La révolution est à peu près pour lui ce qu'ont été l'Evangile et les saintes légendes au moyen-âge, et la Bible au XVIe siècle, cette tradition qui, sous une forme ou sous une autre, n'est guère moins nécessaire à son ame que le travail à ses bras. Raison de plus qui fait de la révolution française une question actuelle se posant impérieusement aux préoccupations purement philosophiques du temps comme aux plus matérielles et aux plus pratiques ; raison de plus aussi pour faire la part de ce qui revient à la révolution et de ce qui n'appartient qu'à ses historiens dans les principales erreurs qui nous travaillent !

I

De 1800 à 1814, on parle peu de la révolution ; le sujet n'était pas pour plaire au maître : il était gênant pour ces jacobins anoblis, trop heureux de cacher leurs taches de sang sous une pourpre récente. L'ère nouvelle, c'était l'empire ; tout le reste paraissait vieux comme le sacre de Clovis à Reims, vieux comme les proscriptions de Marin, et de Sylla. Le fossé de Vincennes, placé de l'autre côté de l'histoire, marquait la séparation des deux époques : limite qui garantissait de part et d'autre l'assurance mutuelle du silence. Vint la restauration ; elle nous reportait en plein dans le passé : serait-ce en 1788 ou en 1789 ? Là était la question. 1788 parut être plus de son goût. La France s'obstinait à préférer l'autre date : de là une lutte acharnée. Retracée sous cette influence, l'histoire de la révolution dut nécessairement s'y passionner. Joignez à l'irritation causée par cette résistance intérieure la colère patriotique de traités récens imposés au pays. Supposez qu'un historien à la fibre française, sous l'impression ou plutôt sous l'impulsion même du sentiment national qui saigne, raconte à ses contemporains la lutte révolutionnaire : ce sentiment dominera, effacera tout à ses yeux ; 92 et 93 lui apparaîtront surtout comme la révolution armée, sauvant la France à tout prix. Il fera un peu pour ce passé, dont il n'est pas d'ailleurs responsable, comme Carnot contresignant sans les lire les listes de proscription qu'on lui présente. Si l'ennemi nous menaçait en 1792 et en 1793, en 1814 et en 1815 il avait planté ses tentes au cœur de Paris, et, à tort ou à raison, le pays en rendait responsables ceux qui étaient rentrés à sa suite. Ne l'oublions pas, si nous voulons nous rendre compte de la manière dont l'histoire fut écrite alors.

On a reproché à l'Histoire de la Révolution française de M. Thiers d'être une justification systématique des moyens violens, une apothéose raisonnée de la force et du succès. C'est juger, selon nous, comme on jugerait un traité de philosophie, cet éminent travail d'histoire politique. Explication rétrospective atténuante, plaidoyer aussi substantiel qu'animé de politique contemporaine, et non généralisation de philosophe moraliste, pur récit enthousiaste d'une grande bataille, que l'auteur jugeait livrée et gagnée une fois pour toutes, telle m'apparaît cette histoire, écrite, je dois l'ajouter encore pour être juste, dans un temps de sécurité relative, où, derrière la lutte politique pendante, on ne soupçonnait guère une nouvelle question sociale grosse de luttes futures. Il faut bien toutefois le reconnaître : malgré la tolérance pour les opinions et la pitié pour les victimes, il transpirait à travers le cours de ce récit, rapide et coulant jusqu'à paraître complice, deux impressions très vives, très contagieuses : les héros de la révolution en paraissaient grandis au point de donner à bien des gens la tentation de leur ressembler ; l'insurrection, comme moyen, en sortait moins décriée. Enfin, la nécessité révolutionnaire admise, même pour une fois, comment s'arrêter ? L'historien et le politique jugeaient que le temps de cette nécessité terrible était fini ; d'autres survinrent, et prétendirent qu'il commençait. Certes l'auteur avait et il a plus que jamais conquis le droit de s'en plaindre ; mais j'ignore, je l'avoue, ce que la logique peut répondre.

Que l'Histoire de la Révolution par M. Thiers, ainsi que l'imposante esquisse de M. Mignet, que ces deux écrits, commentés par tant d'autres écrivains et par leurs auteurs eux-mêmes, aient eu une part réelle dans les événemens de 1830, c'est un fait, je crois, hors de conteste. Je ne me propose pas l'examen des questions, peut-être insolubles actuellement, qu'a fait naître la révolution de juillet ; je constate seulement que l'insurrection, animée par les souvenirs qu'on lui retraçait et toute fière de son nouveau 10 août, ne parut pas disposée à se laisser licencier au premier signe. Quand elle eut levé ses nouvelles recrues, la révolution leur fit exécuter à peu près la même manœuvre que quarante années auparavant. Derrière les constitutionnels se placèrent les républicains modérés, puis les terroristes du procès des ministres, puis les communistes de 1834. Sur les pas du même Lafayette, on vit se presser de nouveau Robespierre et Baboeuf.

Épurée des souvenirs révolutionnaires, la solution libérale, si évidemment montrée comme le terme de la révolution française par MM. Thiers et Mignet, passa de l'opposition au pouvoir, et de même qu'elle avait eu, pendant la restauration, pour publiciste Benjamin Constant, et pour son plus grand orateur Royer-Collard, elle eut alors pour homme d'état et pour fondateur Casimir Périer. Dès-lors, une lutte nouvelle s'organisa : la lutte de la démocratie pure, présentée comme le dernier mot de la révolution, contre l'interprétation parlementaire, qui gouvernait et régnait. Comment, battue dix-huit ans dans les rues, condamnée par les tribunaux, repoussée par la masse des intérêts, détestée et même flétrie par l'esprit public pris dans son ensemble, la démocratie parvint-elle à s'implanter dans la partie de l'opinion la plus remuante et la plus active, et à prendre, pour ainsi parler, le haut du pavé comme théorie et comme enseignement ? Comment traduisit-elle des passions en idées, en systèmes qui rendirent à celles-ci avec usure ce qu'ils en avaient reçu ? Comment surtout l'histoire de la révolution devint-elle son nouvel et son plus puissant instrument de propagande ? Les pièces du procès sont aujourd'hui dans nos mains.

L'interprétation démagogique ne se montra pas d'abord moins habile que persévérante ; elle ne négligea rien de ce qui pouvait lui profiter, elle fit tout tourner à ses fins. Il y avait dans les masses des souffrances réelles : elle les exploita ; des haines absurdes, des besoins d'imagination : elle s'employa à les exalter. Pas une chimère qu'elle n'ait ainsi flattée, caressée ; pas une faculté, en quelque sorte, de l'esprit humain et pas une maladie de l'esprit moderne qu'elle n'ait, pour ainsi parler, servie suivant son goût ; pas une idée juste, saine, y compris le sentiment religieux et le christianisme, qu'elle n'ait cherché à tirer à soi, en lui donnant la forme violente et fausse qui lui est propre.

Le mouvement fut avant tout économique, de même qu'il avait été exclusivement politique sous le précédent régime. Pendant toute la durée du gouvernement de juillet, on peut dire que l'histoire contemporaine a été écrite sous l'influence des critiques adressées à notre état social par Saint-Simon et Fourier. Le régime de la liberté industrielle inauguré en 1789, en brisant la vieille organisation, avait amené ou laissé se produire, à côté d'un énorme accroissement de richesses et de bien-être, dont l'honneur lui revient exclusivement, des misères incontestables pour la classe ouvrière ; bien qu'en définitive elle aussi eût beaucoup gagné, elle se trouvait, faute de lois protectrices, prise au dépourvu par les hasards et les reviremens cruels de la concurrence, par les variations si brusques, ou, pour dire le vrai, si brutales des lois qui règlent le travail et le salaire. Situation douloureuse qu'aggravaient les luttes politiques, et dont l'opposition politique fit pourtant le point de départ de ses attaques !

Soumis à une critique violente et haineuse, le système libéral, battu en brèche en matière de gouvernement, se vit condamné, avec plus de fureur encore et d'une façon radicale, sur la foi des symptômes et des défauts en partie passagers, en partie remédiables, qu'il avait révélés. La logique impatiente et envenimée de l'esprit révolutionnaire et de l'utopie le déclara criminel, usé, le traita de conspiration d'une classe contre une autre. Comme toute doctrine, celle-ci voulut montrer qu'elle aussi avait une tradition et s'en faire une arme. MM. Buchez et Roux, les premiers, se chargèrent de rattacher, avec un peu de suite, à la révolution française les griefs et plus vaguement les théories du socialisme naissant. Tel est le caractère principal, le but même de l'Histoire parlementaire, ce fruit bâtard du saint-simonisme mêlé à l'idée purement révolutionnaire, et qui s'efforce d'y joindre l'orthodoxie catholique ; cet assemblage absurde d'esprit du moyen âge et d'esprit du XVIIIe siècle, d'inquisition et de démagogie ; ce livre qui, pour mieux constater et servir la guerre sociale dans le présent, la transporte dans le passé, et imagine de montrer en 1789 une révolution faite et confisquée par une bourgeoisie égoïste et rapace.

Embrouillée de mysticité, recouverte par un certain ton de bonhomie, perdue presque au milieu des pièces innombrables réimprimées par les auteurs, cette explication de la révolution française par une haine de classe n'était pas encore assez visible, assez palpable, assez populaire. Ce fut l'œuvre de M. Louis Blanc de la tirer au clair : il la mit en formules au nom de la fraternité ; il colora, il anima de sa rhétorique passionnée et théâtrale la logique de Robespierre et les idées de Baboeuf. L'influence qu'exercèrent l'Histoire de Dix Ans et l'Histoire de la Révolution française, ce digne commentaire, à travers les temps, de l'Organisation du Travail, on peut la demander, sans plus d'explication, aux barricades de février, aux conférences du Luxembourg et à l'insurrection de juin. C'est un des aspects douloureux de notre sujet et une des plus tristes pièces à conviction qu'il puisse produire, d'avoir à constater des influences telles qu'il faille les suivre moins à la piste des idées fausses dans les livres qu'à la trace du sang dans les rues.

La révolution avait eu son théologien et son compilateur dans M. Buchez, son logicien et son pamphlétaire dans M. Louis Blanc : elle eut son poète ou plutôt son romancier dans l'auteur des Girondins. Assurément, si l'on a pu dire que la littérature a été, pendant les dix-huit ans qui ont précédé février, un actif instrument de propagande révolutionnaire, cette sentence ne s'applique à aucun livre plus qu'aux Girondins, livre d'art plus que d'histoire. Un des traits bien connus du romantisme, c'est de mettre en saillie, en les exagérant, les côtés humains et poétiques des monstres ; ce que d'autres ont fait pour le roman et pour le théâtre, M. de Lamartine me paraît l'avoir tenté, peut-être sans en avoir nettement conscience, pour la littérature historique ; on peut dire que, par certaines idéalisations singulières, il a appelé l'intérêt sur les Quasimodos de la révolution. Certes, l'observation de la nature humaine, aussi bien que le christianisme, reconnaît dans l'homme plus d'un contraste, et pour ma part je suis très loin de demander à l'historien de ne tenir aucun compte de ce mélange d'instincts supérieurs qui attestent que, sous le mal et parfois même à côté, subsiste encore dans l'individu perverti la racine immortelle du bien ; mais à abuser de tels contrastes, à prodiguer les atténuations ou les métamorphoses de ce qui est en somme mauvais et condamnable, je n'ai pas besoin de dire que ce sont là, outre l'histoire qui se dénature, la leçon morale et l'exemple politique qui s'égarent. Des principes indéterminés, des aspirations vagues vers un avenir non défini, tous ces symptômes d'une époque inquiète se retrouvent également dans les Girondins, avec le besoin qui en est la suite ; je veux parler de ce besoin infini d'émotion, signe trop caractéristique de la fin du dernier règne. Chargé en quelque sorte de toute l'électricité qui était dans l'air, ce livre tomba comme l'étincelle sur les passions qui fermentaient. Tandis que les banquets réformistes agitaient l'opinion, il me fait l'effet d'avoir été comme un grand banquet populaire où retentissait la voix même de la révolution, comme un banquet des girondins, au milieu duquel, par une étrange péripétie, la montagne aurait fait invasion, et d'où Robespierre aurait fini par chasser Vergniaud. La France révolutionnaire « s'ennuyait, » disait-on. Elle acheva de s'enivrer.

De poète à prophète il n'y a que la main. Par la bouche de M. Michelet, la révolution rend des oracles. L'auteur semble désormais lui appartenir tout entier ; il en est la proie : science, talent, il a tout embarqué sur cette mer battue des vents, qui lui a rendu en bruit ce qu'il y risquait en gloire solide. Dans ses premiers volumes sur la révolution, publiés avant 1848, il n'apparaissait plus seulement comme un historien qui raconte et juge, mais comme un rapsode qui chante comme un soldat qui se bat, comme l'Homère et comme l'Achille à la fois de l'épopée révolutionnaire. Avant que les insurgés de février eussent mis la main à un seul pavé, le militant écrivain venait à peine de s'emparer de la Bastille et de faire les 5 et 6 octobre ; il reprenait haleine, se préparant au 20 juin et au 10 août : le 24 février remplit assez convenablement l'intervalle. L'action de l'éloquent professeur sur une portion du public, et particulièrement sur la jeunesse des écoles, ne saurait être contestée ; peu de livres pouvaient l'exercer avec plus de puissance ; dans aucun ne circule avec la même ardeur exaltée la fièvre révolutionnaire. M. Michelet, je ne trouve pas d'autre mot, a le culte de l'insurrection : vient-elle à passer, il se jette à la suite en chantant la Marseillaise sur le ton mystique. L'idée-mère du livre, c'est l'infaillibilité du peuple. L'historien véritable n'est que l'interprète, le mandataire du peuple, avec mandat impératif : le peuple dicte, il écrit ; le peuple le délègue, il le représente. Je le demande, est-ce autre chose que l'histoire mise en démocratie, installée dès 1847 en république ? N'est-ce pas le suffrage universel proclamé dans l'ordre de l'intelligence au moment où une révolution nouvelle allait le décréter dans la société ? M. Michelet, qu'il l'ignore ou le sache, a été par son livre la Cassandre du gouvernement provisoire. On peut lui accorder ici du moins sans injustice, ce rôle prophétique où il paraît se complaire.

On aurait fort à faire, et ce serait une tâche peu agréable, de prendre et de juger une à une toutes les publications dictées avant 1848 sur la révolution par l'esprit révolutionnaire. S'il suffisait de constater la nullité d'un écrit pour qu'il fût comme non avenu, si la niaiserie tournée d'une certaine façon n'était pas elle-même quelquefois un puissant moyen d'influence, je me garderais bien de nommer l'Histoire de la Révolution française par M. Cabet. Profondément inconnue du public, mais dévorée par les adeptes comme toutes les productions sorties de la plume privilégiée du grand communiste, cette élucubration sur l'époque qui a vu semer la bonne doctrine n'a pour effet un peu appréciable, entre les mains d'un lecteur non dépourvu absolument d'intelligence, que de lui apprendre à faire quelque cas du Voyage en Icarie, qui reste le chef-d'œuvre de l'auteur, on peut m'en croire. Il y aurait pourtant un grave oubli à ne pas rappeler ici une école aussi vieille que l'esprit révolutionnaire, celle des illuminés, des voyans. Plusieurs des historiens que nous venons de nommer se rattachent par quelque point de vue à cette école qui a produit sous la révolution Fauchet, Carra, Bonneville, et à laquelle semble appartenir par momens Marat lui-même. M. de Lamennais, dans les Paroles d'un Croyant, s'y rattacherait par le côté religieux, par l'imagination utopiste ; M. Michelet par l'enthousiasme expansif et lyrique, par son symbolisme perpétuel ; M. Buchez, par ce mélange de religiosité et d'études scientifiques qui me paraît être le caractère dominant de la secte, résumé par lui dans son Introduction à l'histoire. Inoffensive quelquefois, cette rêverie le plus souvent revêt un caractère menaçant. Inspiré et systématique, mêlé de traditions sacrées de réversibilité et d'expiation, en même temps que d'analogies singulières tirées de la géologie, son terrorisme plus raffiné et plus savant prétend procéder dans la formation du monde politique comme Dieu lui-même dans la création de ce globe, toujours bouleversé violemment avant d'accomplir un progrès : c'est la révolution arrangée à la mode et mise à la portée des savans ou prétendus tels et des mystiques de tous les bords. Au point de vue moral, je n'ai pas besoin de dire que ces hautes visées sont infiniment plus corruptrices que la plupart de celles que nous avons signalées, lesquelles laissent encore quelque place aux principes de morale ordinaire, altérés, mais subsistans. Pour ces petits Machiavels, au contraire, qui, ne sachant plus se contenter du fatalisme et du matérialisme tout purs, veulent, pour ainsi dire, y jeter de l'eau bénite ; pour ces ridicules Torquemadas de sociétés secrètes qui s'imaginent sanctifier l'échafaud du nom de Jésus-Christ, il n'y a, dans les révolutions, de criminels que parmi les victimes. Ceux à qui le vulgaire donne ce nom suranné sont des instrumens divins, et, humainement parlant, des honnêtes gens irrités. Croyez-en ces docteurs : Robespierre est un Fénelon aigri par le malheur de ses semblables. Si Marat demande du sang, ne voyez-vous pas que c'est pure tendresse, l'effet d'une philanthropie qui, satisfaite au début du sacrifice de quelques centaines de têtes maladroitement refusées par l'individualisme arrogant des aristocrates, a fini par prendre les plus sublimes proportions ? Qui ne sait que tout cela est dit en général d'un air très sincère, d'un ton presque attendrissant, avec une douceur d'ange ? Tête dure et cœur dur celui qui n'est pas touché, convaincu ! Comme disait Jean-Jacques, c'est un monstre à étouffer.

C'est ainsi que, pendant près de dix-huit ans, à dater surtout de 1834, on peut dire que les écrits sur la révolution française et l'émotion qui en a été la suite n'ont guère fait que marquer les pulsations de la pensée et de la passion démocratiques : livres et événemens s'inspirent, s'aidèrent merveilleusement les uns les autres. À des degrés divers, il n'est pas une de ces histoires qui n'ait travaillé, dans le passé comme dans le présent, à l'abaissement de la classe moyenne, qui n'ait préconisé, préparé l'avènement du radicalisme. Fondé sur une espèce de manichéisme social, tout le système historique s'est borné à voir dans le monde la lutte du riche et du pauvre, à exalter sans mesure à la fois la haine et l'espérance de celui-ci. C'est à cette propagande de dénigrement et d'utopie qu'ont abouti ces apologies de ce qu'il y a de moins pur dans la révolution et cet enrôlement de la religion et de la science, de la justice et de la fraternité travesties, prestiges pour les honnêtes, appâts matériels pour la foule, armes de guerre pour les démolisseurs.

À toutes ces prédications révolutionnaires, qu'opposaient cependant les partis qui se refusaient à accepter sur l'ère nouvelle commencée en 89 les jugemens et les rêveries du radicalisme ? Hélas ! nous devons l'avouer, un dédaigneux silence a été à peu près la seule réfutation qu'on ait su trouver, et le silence vraiment, ne suffisait pas. Ce n'est guère de nos jours que la réalité peut se passer de l'apparence. Quand on songe que le livre de M. Louis Blanc, sur des faits et sur des personnages contemporains, a pu se répandre sous le patronage des rancunes légitimistes, au grand applaudissement des hautes et basses classes, sans essuyer une contradiction de quelque éclat ; quand on se dit que nulle histoire de la révolution un peu sérieuse et populaire, dans le sens du moins où elle pouvait y prétendre, n'a même été tentée pour venir en aide au parti libéral et parlementaire, on est forcé de convenir que, sur ce point comme sur quelques autres, la fécondité et l'action n'ont guère été du côté des idées de conservation et de progrès régulier.

II

Les événemens de février déterminèrent enfin une nouvelle phase dans le débat soulevé depuis la restauration entre les radicaux, les libéraux, et les adversaires passionnés de la révolution française. Un philosophe de l'antiquité appelle l'étonnement le commencement de la science : à ce titre, nul événement ne devait être plus instructif que la surprise de février. Quoi ! est-ce donc là ce qu'on nomme une révolution ? Faut-il expliquer ces grands changemens par des causes misérables ? L'auteur de Candide, en face de ces ruines subites, n'aurait-il pas là quelque droit de prendre en pitié nos pompeuses prétentions à la philosophie de l'histoire ? Devons-nous condamner nos pères et voir dans l'anarchie la fille légitime de la révolution qu'ils avaient faite ? La propriété menacée, l'arbitraire dans la loi, l'utopie imposée par la force, étaient-ils, suivant la prétention des publicistes démagogues de février, les conséquences véritables et dernières de la révolution française ? Telles étaient les nouvelles questions qui se posaient brusquement devant la société consternée.

Assurément, une histoire écrite sous l'empire de cette préoccupation presque générale eût été bien faite pour redresser plus d'une erreur sur le passé et pour répandre quelque lumière sur le présent. 1789 et 1793 soumis au creuset de 1848, c'eût été une assez belle étude ; mais le plus sûr moyen de rendre une pareille étude instructive et profitable c'était d'y porter un esprit dégagé de tout ressouvenir, de tout regret personnel, et, sinon une absolue sérénité, au moins cette sévérité raisonnée qui est bien souvent la justice. Mettre en bas ce qui était en haut, placer à l'occident ce qui paraissait à l'orient, c'est imiter le procédé des écrivains révolutionnaires. Or, est-ce dans le sens que nous indiquons qu'a été comprise la tâche qui se proposait à la réflexion ? Les récens travaux sur la révolution française répondent-ils aux nouveaux besoins, aux nouveaux scrupules de la pensée publique ? En serions-nous réduits à d'infructueuses redites et à de stériles compilations ?

Parmi les nouveaux historiens de la révolution française, deux écoles sont en présence pour le moment : l'école absolutiste et l'école radicale. La révolution de février, favorisée peut-être par le silence et l'inaction des partis modérés, n'aurait-elle donc servi qu'à redoubler la confiance des partis extrêmes ? On comprend jusqu'à un certain point que le spectacle de l'anarchie entraîne chez quelques esprits aventureux et mobiles une sorte de doute et d'anxiété douloureuse à l'endroit des séduisantes promesses et des conquêtes mêmes de 89 ; mais que ce sentiment prenne la forme d'un système, qu'il se traduise en gros livres à prétention dogmatique, voilà qui a lieu de surprendre. Une récente Histoire des Causes de la Révolution française est un exemple de ces singulières exagérations qui ne sauraient avoir malheureusement pour excuse l'entraînement d'une émotion passagère. À ce titre, elle nous offrira peut-être quelques indices sur un singulier état de l'opinion, qui cherche à se dissimuler l'importance d'un problème trop redoutable, et va même jusqu'à nier résolûment ce qu'elle n'a pu réussir à comprendre.

Je crois superflu de reprocher à l'historien des Causes de la Révolution le ton un peu leste avec lequel il parle de ce grand événement. Il est trop visible que les façons hautaines et les formules irritées de Joseph de Maistre ne sauraient convenir même aux plumes les mieux trempées dans les luttes de la polémique quotidienne. Venons tout de suite, parmi les questions soulevées dans ce livre, à celles que les événemens de février ont mises à l'ordre du jour. N'était-il pas intéressant d'abord de se demander ce qu'il y avait eu dans la révolution d'accidentel ou de nécessaire, en un mot quel est l'élément durable que nous devons en dégager ? C'était certainement aussi un point des plus curieux et des plus féconds en enseignemens de chercher si la révolution aurait pu être évitée par les réformes, si, suivant ce qu'on pourrait appeler le vieux procédé de l'histoire de France, elle n'aurait pu s'opérer par voie monarchique. Une autre question enfin, encore plus contemporaine assurément, c'était de s'enquérir du rôle de la classe moyenne pendant la révolution française, et de déduire ainsi avec le sang-froid et le désintéressement de l'histoire, en face des attaques du socialisme, le rôle présent qui est assigné à cette classe par le développement même de la société : relever ce qu'elle avait fait de bon et d'utile pour tous, sans oublier pourtant ses erreurs et ses défauts, cela pouvait fournir le thème, si je ne me trompe, de leçons où tous les partis auraient trouvé à profiter.

Si un imperturbable aplomb suffisait toujours pour imposer au lecteur, si des détails habilement mis en relief pouvaient être pris pour des vues d'ensemble, s'il ne s'était agi que de blâmer avec une certaine verve et d'une plume souvent acérée des désordres trop idéalisés, nous pourrions accorder à l'auteur d'avoir fait un livre de quelque autorité et de quelque mérite. Malheureusement, nous devons le dire, non-seulement dans cet entassement de chapitres sans enchaînement et d'une uniforme prolixité, il n'a pas traité avec l'attention qu'ils méritent les points que lui imposait son sujet, mais il semble presque toujours avoir pris à tâche d'en donner une solution à contresens de l'histoire et directement contraire à l'utilité politique que nous voudrions en tirer. On avait beaucoup abusé de la logique au sujet de la révolution ; M. Granier de Cassagnac trouve plus simple de la déclarer un pur accident. Qu'est-elle en fin de compte ? Une intrigue qui a réussi. Ne parlez pas de l'influence des livres inspirés par la philosophie du XVIIIe siècle ; l'auteur décide qu'ils n'en ont exercé aucune, pour cette raison qui, dans un écrit dont l'ingénuité n'est assurément pas le défaut, m'a paru être quelque peu naïve : on les prohibait, donc on ne les lisait pas. La vraie cause du mouvement de 1789, c'est qu'il a plu à MM. de Calonne, Necker et de Brienne d'attiser ou plutôt d'allumer le feu de la révolution par des brochures contre les notables qui se refusaient à faire aucun sacrifice aux nécessités du trésor. Tout le reste n'est que chimère. M. Granier de Cassagnac a certainement le droit de s'enorgueillir : il faut avouer que voilà une bien ingénieuse et piquante façon de comprendre la révolution française avec les cinquante ans d'histoire qui en sont la suite, une vue qui ne peut manquer de faire le plus grand honneur à sa sagacité ! Naïfs que nom étions, nous nous imaginions être les fils d'un mouvement intellectuel qui avait pour chefs Turgot et Montesquieu, et nous ne sommes nés que d'une malice faite par M. de Brienne aux notables ! Quelque mépris que le tranchant écrivain professe pour la philosophie de l'histoire, il nous répugne infiniment de croire que la divine Providence s'amuse à de pareilles ironies. Quand elle juge à propos de remuer le monde, il est au moins douteux qu'elle ait l'idée d'aller chercher M. de Calonne. C'est, en tout cas, un secret qu'elle avait soigneusement tenu caché jusqu'ici, et dont le nouvel historien peut à bon droit se prévaloir.

Quant à la nécessité des réformes et au rôle des classes moyennes dans la révolution, ce sont encore là des points sur lesquels, au lieu de renseignemens historiques, nous ne trouvons que des paradoxes. Il y a du courage, on ne saurait le nier, à venir prétendre que les réformes étaient prématurées en 1789 ; en vérité, nous voudrions bien savoir quand elles auraient été mûres. Le rôle de la classe moyenne n'est pas étudié plus sérieusement. J'avouerai que je n'ai pas vu sans étonnement M. de Cassagnac saisir le moment même où la bourgeoisie est calomniée et battue en brèche, on sait par quelles armes et par quels assaillans, pour écrire contre elle le plus virulent plaidoyer historique. Jamais, j'ose le dire, les radicaux n'ont à ce point prodigué contre les chefs du tiers-état et contre le parti constitutionnel les accusations d'avidité, d'égoïsme, le reproche d'une ambition lâche et intéressée, dépourvue de toute conviction qui l'ennoblisse et l'excuse. Qu'ils poussent au mouvement ou qu'ils le modèrent, on ne sait leur attribuer que les plus ignobles motifs. Permis sans doute, quand on est gentilhomme, de se ranger du côté de la noblesse et de mépriser le tiers-état, à condition pourtant qu'on mette à le lui témoigner un peu plus de mesure ; permis à l'auxiliaire inattendu de M. Louis Blanc de travailler à dépopulariser la bourgeoisie encore davantage : je comprends enfin qu'un journaliste qui cherche des argumens pour sa cause ne trouve guère dans les révolutions de 1789 et de 1848 qu'une conclusion exclusive à tirer contre les tiers-partis ; mais il y a des préjugés, bien ridicules sans doute, qu'il serait peut-être convenable et prudent de ne pas heurter de front, ce préjugé bourgeois, par exemple, qui s'imagine bonnement que Bailly et Lafayette étaient au moins d'honnêtes gens. Si l'histoire du parti constitutionnel en 89 n'est qu'un tas d'immondices, j'ignore quel plaisir on trouve à le remuer et le profit qu'y gagnera la cause de l'ordre que l'on dit servir. Pourquoi ne pas s'en reposer là-dessus sur les Pères Duchêne de la montagne ?

Je me garderai bien d'accorder à l'Histoire des Causes de la Révolution un mérite de nouveauté. Au fond, toutes ces prétendues hardiesses sont assez connues, et il y a long-temps qu'elles dorment dans les factums contre-révolutionnaires. Il faut donc le constater à regret : la tâche si belle qu'on pouvait se proposer vis-à-vis de la révolution de 89, jugée enfin non plus au point de vue des partis ou des passions populaires, mais au seul point de vue de l'intérêt social, cette tâche que la révolution de février rendait à la fois plus facile et plus opportune n'a pas trouvé encore, parmi les adversaires du radicalisme, un écrivain prêt à la remplir.

Que dire maintenant des hommes du parti contraire ? Tandis que M. de Cassagnac reprenait la tradition des écrivains ultra-monarchiques d'avant 1800, l'école radicale restait fidèle à la tradition des historiens révolutionnaires d'avant 1848. L'auteur d'une Histoire de la Révolution écrite au point de vue franchement radical, M. Villiaumé, divise très clairement la société française en deux camps : l'un où tous sont purs, désintéressés, dévoués, martyrs, c'est le camp des montagnards ; l'autre où tous, sans exception, sont corrompus, vendus, égoïstes, bourreaux, c'est le camp des modérés. C'est un spectacle bien touchant que de voir un néophyte de la montagne emprunter aux mêmes mémoires d'émigrés les mêmes imputations contre les hommes de 89 qu'a déjà recueillies M. de Cassagnac. Le nouvel auteur de l'Histoire de la Révolution française professe pour la terreur et pour ses héros un culte qui ne parait pas parfaitement raisonné ; style et idées, tout chez lui révèle un radical de l'espèce naïve. Ce n'est pas que l'auteur ne témoigne une certaine indignation, dont nous devons lui tenir compte, contre les massacres inutiles, contre les excès du régime, sa prolongation intempestive, les noyades de Nantes. Comme il faut de la mesure, il s'en tient à Marat. « Marat, écrit-il avec un sang-froid très méritoire, avait pour but, en se faisant violent et terrible, d'empêcher que l'on n'abattit la révolution par l'exagération de son principe, et d'arrêter l'effusion du sang qu'il n'était pas rigoureusement nécessaire de verser. » Oh ! la belle explication !

Les révolutionnaires n'ont, on le voit, rien oublié, ni rien appris. Rien ne ressemble plus à une histoire montagnarde écrite en 1794 qu'une histoire montagnarde écrite en 1850. Ce parti qui se donne pour le parti du progrès est d'une niaise et désespérante immobilité. Quand j'ai ouvert l'Histoire de la Révolution de M. Villiaumé, il s'est trouvé que je la savais par cœur. Faites le plan en esprit, et vraiment cela ne sera pas difficile, de l'histoire de la révolution au point de vue montagnard. Toutes les fois qu'un des hommes qui ont servi la révolution à ses débuts s'arrêtera devant ses excès, cet homme sera inévitablement un traître payé par la cour Pitt et Cobourg seront pour quelque chose dans sa corruption. L'historien, d'une sensibilité très délicate pour les femmes de la halle qui ont fait le 5 et 6 octobre et tout confit en douceurs pour les tricoteuses des tribunes, méprisera profondément Marie-Antoinette, et sera sans pitié pour ses royales douleurs. Les paroles admiratives et tendres afflueront sur ses lèvres pour exalter les vertus de ce bon Marat ; c'est lui qui sera un grand martyr, et de plus un beau modèle de conciliation ! Quant à Louis XVI, pas de choses honteuses ou même horribles dont on ne le trouve coupable : en effet, c'est un roi ! De par l'affaire du Champ-de-Mars, le général Lafayette, qui a fait tirer sur le peuple, sera, cela va sans dire, un assassin, et Bailly, son complice, mourra accablé de remords. La conclusion de tout cela sera nécessairement que la lutte dure encore, dure toujours, et que le parti montagnard saura bien la terminer à son avantage et à tout prix. Telle sera infailliblement l'histoire montagnarde à priori. Nous venons de résumer le livre de M. Villiaumé.

On a pu s'en convaincre peut-être par ces exemples : si l'histoire de la révolution de 1789 paraît avoir jusqu'à présent fort peu gagné, comme interprétation, à la révolution récente ; si, de son côté, la politique a oublié d'aller demander à ce grand passé, mêlé de bien et de mal, la connaissance de quelques écueils de plus et des lumières utiles, un trait commun aux écrivains les plus opposés, c'est le dénigrement systématique de la classe moyenne et du parti libéral et constitutionnel : vieille sympathie dans la haine ou vieux calcul machiavélique qui rapproche les partis extrêmes ! La cour faisait échouer une candidature modérée à la mairie de Paris en portant ses voix sur un révolutionnaire ; l'Ami du Peuple poursuivait de plus d'accusations et d'injures Mirabeau et Barnave que les princes émigrés : c'est l'image de l'histoire telle qu'elle s'écrit sous nos yeux. N'exagérons rien, ne poussons rien au pis ; ne nous demandons pas s'il n'y aurait pas là comme un indice d'une alliance possible tout autrement dangereuse, sur le terrain de la pratique, entre les partis extrêmes les plus irréconciliables. Que nous en soyons, du moins dans les livres, à une véritable jacquerie de bourgeois exécutée par des chroniqueurs absolutistes et par des pamphlétaires démagogues réunis, voilà qui n'est pas à contester. Pour ne parler que du passé, je me demande s'il y aurait à nous bien de la raison et même bien de la dignité à donner les mains à cette immolation historique, à cet holocauste de mémoires honorées ? Briser les statues que l'on avait élevées et consacrées, changer en boue, du jour au lendemain, les flots d'encens, ç'a été de tout temps le plaisir de quelques brouillons et de quelques factieux ; mais que cet entraînement devienne général, ce serait à désespérer du bon sens. Ne faisons pas aux révolutions cet honneur de jeter ainsi à leurs pieds, comme des gens qu'un coup de tonnerre aurait hébétés, nos convictions et nos admirations de la veille. La leçon de l'histoire serait véritablement trop triste, si elle n'avait pour effet que d'enseigner aux gouvernemens et aux peuples qu'ils ont seulement le choix entre des hommes d'état comme M. de Maurepas ou des tribuns comme Robespierre, et de signifier à la France qu'elle ait à opter entre le droit divin et M. Barbès. L'histoire, ainsi comprise, au lieu d'être un conseil élevé de pacification et une lumière qui brille d'en haut sur notre chemin si plein d'obscures difficultés, ne serait plus qu'un banal instrument de propagande aux mains d'un parti, qu'un vulgaire brandon de guerre civile. Assez de germes de division existent dans le présent ; ce n'est pas là ce qu'il faut demander à la révolution française.

III

Rejeter les idées fausses exprimées non plus par tel ou tel historien de la révolution, mais presque par tous, et qui sont devenues comme les dogmes d'une partie de l'opinion égarée ; démêler au sein de la révolution elle-même la part du vrai et du faux, presque toujours confondus dans une solidarité fausse et dangereuse, telle est la tâche inévitable imposée à notre temps. Ici, pas de vérité qui en pratique ne soit une lumière et un bien, pas une erreur qui ne soit un péril.

Une première erreur, commune à presque tous les historiens de la révolution, c'est la foi qu'ils témoignent dans la puissance bienfaisante de l'insurrection. La révolution elle-même, il faut le rappeler, avait eu l'imprudence de mettre au nombre des droits constitutionnels celui de la résistance à l'oppression, sans définir ce qu'il fallait entendre par ce dernier mot. Les historiens se sont avancés plus loin : ils ont glorifié non-seulement l'insurrection qui résiste, mais celle qui attaque ; ils lui ont attribué une politique d'initiative, une vertu féconde ; ils ont paru accorder la préférence à l'instinct, aux volontés d'une partie du peuple, sur les pouvoirs constitués, qui représentent la raison sociale ; en un mot, ils ont fait dépendre le progrès des improvisations de la place publique. Il est clair que, tant que cette espèce de théorie, si commode pour les impatiens, si consolante pour les mécontens, subsistera dans les livres et dans les esprits, ce pays n'aura guère de repos à espérer. La théorie des révolutions est en grande partie à refaire sous l'impression toute vive encore des événemens de février. Quel progrès réél cette insurrection triomphante nous a-t-elle donné ? que subsiste-t-il de tant de décrets économiques dictés par la force à l'opinion ? Accuser la réaction ne signifie absolument rien : c'est le propre des révolutions prématurées et violentes d'amener les réactions inévitables. Rendue à sa libre allure, la société revient à sa manière d'être normale, comme l'arbre dégagé d'une contrainte factice à son attitude naturelle. La leçon du temps actuel, bien propre à éclairer le passé, c'est la puissance à peu près irrésistible du développement naturel et l'incapacité radicale de l'insurrection à réaliser le progrès. Étudiés à cette clarté que 1848 jette sur 1789, on verrait que les mouvemens insurrectionnels ont plus retardé qu'avancé la révolution qu'elles paraissaient accélérer en la poussant plus vite sur la pente des abîmes. Prétendre le contraire marque moins de foi que de défiance dans la puissance des principes et de la vérité. L'histoire contemporaine démontre que les insurrections ont bien pu arracher plus d'une fois des fruits encore verts : il est sans exemple qu'elles en aient mûri un seul avant l'heure.

La terreur regardée comme utile dans le passé, le fatalisme historique appliqué à la révolution, enfin cet optimisme à la mode qui nous persuade que le bien naît souvent du mal, préparation, pour ainsi dire, qu'il faut savoir accepter, provoquer même, voilà encore des idées que les historiens révolutionnaires ont en général fort contribué à répandre, et dont l'influence s'est visiblement manifestée dans les derniers temps. Sans rentrer dans des discussions épuisées, je dirai un mot de chacune de ces erreurs. Admettre la terreur comme ayant pu avoir son utilité et sa nécessité dans certaines circonstances, et condamner ceux qui la jugent nécessaire dans notre temps, c'est faire descendre une question de morale à une mesure d'appréciation relative : ce serait, pour ainsi dire, se lier les mains, si l'on avait coutume de demander toujours à la logique la permission de penser et d'agir. Si nous voulons nous débarrasser du système de la terreur en politique, commençons par nous en défaire en histoire. Au fond, qu'a-t-il été et que pourrait-il être ? Un véritable système d'enfans quant à sa valeur, le plus énorme des cercles vicieux, une machine bonne tout au plus à broyer les obstacles qu'elle-même aurait soulevés. La terreur ne fit guère autre chose. Antérieure, notons-le bien, aux mouvemens les plus menaçans des factions qu'elle provoqua, inaugurée quand l'ennemi déjà était partout vaincu et repoussé, toute sa besogne en définitive consista à écraser à force d'excès la résistance qu'elle avait centuplée à force d'excès : vieille recette de toutes les tyrannies, nécessité bien connue de soutenir la violence par la violence, de laver le sang dans le sang. Le résultat le plus net de la terreur a été, tant par elle-même que par les disciples qu'elle a faits, de calomnier la liberté et de susciter à la révolution, en ce qu'elle a de meilleur, cinquante ans de retards et de représailles.

Qu'on trouve, si l'on peut, une doctrine plus propre que le fatalisme révolutionnaire à énerver et à décourager la France, à l'endormir en face de difficultés qui demandent toute son énergie. Bien comprise au contraire, la révolution nous montre avant tout la lutte et la puissance de la volonté humaine. C'est cette volonté qui donne le branle aux principaux événemens, qui paraît sur la brèche dans ces combats à mort de deux générations, de deux sociétés, tantôt audacieuse d'initiative, tantôt héroïque de résignation, trop souvent, hélas ! dans les assemblées, lâche et tremblante. Le vrai fatum de ce grand drame, c'est l'audace et c'est la peur. Au lieu d'enchaînement irrévocable, d'irrésistible fatalité, disons hardiesse ou faiblesse des individus. On a beaucoup trop incliné à croire, dans ces derniers temps, que la vie des peuples était soumise à des lois presque entièrement différentes de la vie individuelle ; dans le vrai, pour celle-là comme pour celle-ci, ce ne sont pas les fautes, mais seulement leurs conséquences, qui sont inévitables. Si la France veut résister au désordre, il est bien clair qu'elle ne le peut qu'en rayant ces mots commodes de fatalité et de circonstances pour y substituer ceux de responsabilité et de courage.

L'optimisme, qui a sa part de vérité quand on le réduit à l'idée d'un certain progrès, fruit laborieux de la marche du temps et des luttes humaines, me parait avoir reçu sous la plume des historiens l'extension la plus déplorable. C'est un lieu commun de l'histoire comme elle s'écrit de nos jours de proclamer à tout propos, particulièrement au sujet de la révolution, que l'ordre général est sorti et dès-lors peut sortir encore des crimes et des désordres particuliers. Admirable encouragement donné à l'esprit de révolution ! prémisses dont la conclusion pratique est celle-ci : L'ordre viendra certainement, commençons par faire le chaos. ! Je n'ai pas la pensée d'engager un débat en forme sur les principes de l'optimisme ; je dirai seulement qu'ici, comme d'ailleurs en tout ce qui touche la révolution, les penseurs ont prêté à la Providence leur propre subtilité : j'ai peine à croire, pour moi, que sa logique ne soit pas beaucoup plus simple qu'ils ne l'imaginent : le bien produit le bien ; où le mal est semé, c'est le mal qui germe. Cette supposition, qui est la plus naturelle, est confirmée par les faits. Si le mal a pu servir quelquefois d'occasion et de prétexte au bien, on ne pourrait guère montrer qu'il en ait été jamais la cause directe. Que l'esprit révolutionnaire en soit bien convaincu : la liberté politique ne s'est pas fortifiée dans le sang, elle s'y est noyée. Les désordres et les excès de la révolution ne nous ont légué que des sophismes et des partis. Il n'y a que les principes légitimes et les actes avouables qui aient porté des fruits d'ordre, de justice et de paix. La prétendue puissance d'une alchimie mystérieuse qui change le mal en bien, la folie en sagesse, le crime en vertu, est un leurre de la métaphysique exploité par l'histoire. Il mène, en politique, par une fausse sécurité qui s'en remet avec une imprévoyance béate sur la Providence, précisément à l'opposé de ce que Bossuet appelle, dans son haut bon sens, ne rien laisser à la fortune de ce qui peut lui être enlevé par conseil et par prévoyance.

Si ces erreurs, dont l'histoire de la révolution française a été le prétexte, n'étaient que de pures thèses de philosophie, d'inoffensives généralités historiques, peut-être aurait-on pu les laisser dans les livres, ou ne les combattre qu'à titre d'idées contestables. Malheureusement ce n'est pas ici le cas de cet exercice purement logique ; je ne crois pas que l'influence pratique de ces idées puisse être méconnue ; elle est profonde et générale. Elles règnent dans une partie inconséquente de l'opinion modérée, elles règnent dans les sectes révolutionnaires, dont elles forment en grande partie la philosophie, et auxquelles elles donnent une sorte de consécration rationnelle. Qui croira, par exemple, que ce soit une croyance sans efficacité que celle du fatalisme révolutionnaire ? Si le fatalisme énerve, il excite aussi. Combien de sectaires, du moins parmi les chefs, se sentent soutenus et exaltés par cette idée : la marche nécessaire des événemens amènera notre heure ; nous avons avec nous la force inévitable des choses ; notre triomphe, grace à elle, est prochain, assuré ! Quel excellent instrument pour pousser les masses en avant, pour les maintenir dans une perpétuelle exaspération, que de leur inculquer cette foi qui croit dévotement aux changemens à vue opérés par la violence, au bonheur du peuple accompli du jour au lendemain par l'insurrection ! Il suffit enfin d'avoir étudié un peu les héros de révolution pour voir jusqu'à quel point cette idée du bien naissant du mal sert de calmant à tous les remords, le stimulant à toutes les audaces, de mobile à cette espèce de fanatisme, qui va, chez quelques-uns, jusqu'à usurper la voix du devoir et de la conscience. Ce n'est donc pas seulement l'histoire, c'est la société lui doit rejeter à tout prix ces prétendus principes, lesquels, au tort d'expliquer fort peu de chose dans le passé, ajoutent celui de produire un mal très profond et très réel.

Est-ce là cependant la seule conclusion à tirer de la révolution française, et n'a-t-elle laissé que des erreurs ? Faut-il nous couvrir la tête de cendres et faire pénitence de la révolution, comme d'une folie nationale qui a duré de 1789 à 1848, qui dure encore ? Ici ce sont des idées tout autres que l'on trouve à combattre. Nous nous adressons à ceux qui prétendent trouver dans la révolution française la condamnation absolue du système parlementaire et la démonstration de l'excellence des théories absolutistes, et nous leur disons : Vous nous condamnez sans appel au nom des excès de la révolution. Vous comprenez dans un même anathème 89 et 93 comme deux dates étroitement solidaires, enchaînées l'une à l'autre, ainsi que la cause et l'effet. Vous invoquez à grands cris, et nous ne doutons pas qu'en cela vous ne soyez des esprits purs, parfaitement dégagés d'ambition et de vues personnelles, l'autorité et la tradition ; vous prétendez que la tradition et l'autorité, dont nous avons en réalité un si grand besoin, ont été brisées par la révolution française. Voici en quelques mots notre réponse.

Premièrement, la confusion que vous prétendez faire de 89 et de 93 n'est pas, je crois l'avoir montré, une idée bien neuve, ce qui devrait être un tort irrémédiable quand on fait profession d'horreur pour les idées communes, mais qui n'en saurait être un à nos yeux. Bien que cette confusion soit, depuis le 14 juillet 1789, jour où commença l'émigration, la thèse invariable des partisans du droit divin et du despotisme, nous ne la tiendrons pas pour plus suspecte. Nous demanderons seulement s'il est exact que l'esprit de 89 et celui de 93 soient bien un seul et même esprit, si la pensée qui anime les Mirabeau, les Sieyès, les Mounier, les Dupont de Nemours, ces disciples de Montesquieu, de Turgot, de Quesnay, et l'esprit jacobin, tel qu'il paraît en Robespierre et en Saint-Just, sont bien une seule et même chose ; nous demanderons s'il n'y a pas entre ces deux esprits la différence qui sépare le progrès régulier et les insurrections violentes, la liberté réglée et la tyrannie démagogique, - l'égalité civile, c'est-à-dire la justice, et l'égalité absolue et matérielle, c'est-à-dire une iniquité monstrueuse ; - la différence en un mot qui sépare le développement pacifique et continu de l'industrie, du commerce, des arts, de l'individu humain pris à tous les points de vue, et la toute-puissance de l'état, maître absolu et souverain, par conséquent tyran impitoyable et directeur inhabile de toutes les pensées, de toutes les activités amoindries et stérilisées ? Nous demanderons enfin si entre l'esprit libéral et l'esprit jacobin il n'y a pas le même abîme que celui qui s'étend entre l'esprit moderne lui-même et l'imitation maladroite, odieuse et chimérique des républiques anciennes ; en d'autres termes, si l'on peut établir une solidarité quelconque entre deux époques, dont l'une émancipait les cultes et dont l'autre fermait les églises, dont l'une proclamait la liberté de la presse et dont l'autre guillotinait les journalistes, dont l'une avait dans le cœur et sur les lèvres l'humanité, la tolérance, et dont l'autre semblait s'inspirer de ce qu'il y a de plus implacable et de plus farouche dans les souvenirs de l'inquisition et dans la sanglante histoire des proscriptions de l'antiquité ?

Vous répliquez, nous le savons, que 89 fut anarchique : notre réponse est que la révolution, au contraire, n'a pas été moins faite dans l'intérêt de l'autorité et du gouvernement que dans celui de la liberté ; quand vous signalez ce que vous appelez ses conséquences anarchiques, vous prenez sur tous les points les détails pour le fond, une scène pour la pièce, l'accessoire pour le principal. La révolution était conforme la tradition, puisqu'elle terminait par les mains de la constituante l'œuvre de centralisation politique et de destruction féodale déjà menée si loin par les rois. Elle était conforme à la tradition en mêlant le vieil esprit de liberté, - que l'affranchissement des communes n'exprime pas moins exactement que Descartes et Voltaire, - à cette unité de direction et à cette concentration des grands services publics dont la monarchie française représente la longue et glorieuse histoire à travers les siècles. Loin d'être hostile au principe d'autorité, le trouvant partout dans l'état le plus inouï de délabrement et d'anarchie méprisé, s'annulant lui-même, en guerre acharnée avec lui-même dans ses multiples représentans, la révolution le ramassa, pour ainsi dire, gisant à terre ; elle réunit ses tronçons qui se débattaient, elle fit un ensemble de cette anarchie, un ordre et une hiérarchie de cette confusion. Elle prit pour guides la raison, l'étude, l'exemple d'autrui, les lumières nouvelles, les besoins nouveaux, parce qu'en dehors de ces besoins et de ces idées on ne bâtit que sur le sable. Elle se trompa quelquefois ; son œuvre eut des côtés faibles : comment aurait-il pu en être autrement ? En accomplissant le travail admirable de la division des pouvoirs, elle ne régla pas toujours leurs rapports avec une pureté parfaite ; elle tint compte parfois plus encore de la raison absolue que de l'expérience. Ayant, par la force des choses, la vieille société à remanier et tout le pouvoir à refaire, elle voulut les constituer le plus possible suivant les règles du vrai et du bien purs : entraînement naturel, inévitable. S'attacher aux lacunes et aux fautes, c'est ne voir ni l'intention, ni le but, ni l'ensemble. En définitive, les assises du monument qu'elle a élevé ont tenu bon. Ce qu'elle a détruit ne s'est pas relevé, ce qu'elle a fondé dure encore. Les principes qu'elle a émis et appliqués pour l'industrie et pour le commerce, dans la division territoriale et dans l'organisation administrative et politique de la France, sont ceux mêmes de la société moderne, et en dehors d'eux rien ne pourrait s'établir. Est-ce donc là l'œuvre de la faiblesse et de la folie ?

Assurément on peut, on doit même perfectionner et compléter 89 ; c'est à cela que doit servir l'expérience contemporaine. Sans doute la tradition et l'autorité sont là, mais une tradition qui veut être modifiée, une autorité qui veut être fortifiée sous la salutaire influence de révolutions récentes et dans le sens de nécessités dont nous sommes juges. En émancipant le travail, la révolution a fait ce qu'elle avait à faire ; cela ne signifie pas qu'il n'y ait rien à instituer pour procurer aux travailleurs plus de sécurité, plus de bien-être, pour adoucir les plaies de la concurrence. Autant en dirons-nous de la décentralisation partielle, de la liberté de l'enseignement, de toutes les libertés ; on peut, à cet égard, modifier la tradition de 89 sans l'abandonner, quelquefois même il suffit presque de la reprendre, quand elle a été au point de vue libéral trop négligée, au point de vue centralisateur trop exagérée par l'empire.

En face des écrivains révolutionnaires et de l'école de l'absolutisme, il faut donc protester énergiquement contre la prétendue identité de 89 et de 93. La révolution de 89 représente la tradition renouvelée de la France, c'est-à-dire la souveraineté nationale, le gouvernement parlementaire avec la division et la pondération des pouvoirs, la propriété accessible à tous, le travail libre, la personne humaine émancipée, la religion protégée. La terreur, au contraire, n'est que la tradition d'un parti : en 93, une petite fraction du peuple usurpe et domine la souveraineté ; une minorité remuante, oppressive, souvent cruelle, fait la loi à l'immense majorité laborieuse et tranquille. La terreur établit une unité terrible de pouvoir sans autre contrôle que le contrôle brutal et sanglant de la rue, une égalité qui aboutissait au communisme, le travail esclave, la personnalité ou étouffée jusqu'à l'abrutissement ou exaltée jusqu'au désordre, l'homme effacé par le citoyen, la religion persécutée, ou du moins un culte unitaire et obligatoire, allant, pour ainsi dire, suivant le caprice toujours obéi de la faction triomphante, d'un être suprême exprimé par un grossier naturalisme à une déesse Raison, représentée par quelque ignoble symbole. Entre ces deux traditions, il n'y a pas de place pour un parti sérieux. Il faut être absolument ou avec la France ou avec le terrorisme, avec la société ou avec le socialisme. À se poser prétentieusement contre la révolution, à contester à la fois ses principes et ses résultats, je ne nie pas qu'on ne puisse faire assez de mal, vu notre humeur changeante et l'imprévu des événemens ; mais nous doutons qu'on jette dans le pays de bien profondes racines.

Si la France ne paraît pas savoir parfaitement ce qu'elle veut, elle sait, du moins pour le moment, ce qu'elle ne veut pas : elle ne veut ni despotisme ni démagogie. Bien qu'elle n'ait plus guère d'enthousiasme, elle sent, au dédain ou à l'antipathie que lui fait éprouver tout ce qui ressemble à un pas en arrière, à un oubli quelconque des principes posés par la révolution française, combien elle y est attachée au fond du cœur et par tous ses intérêts ; c'est encore là son point le plus sensible, car, dès qu'on y touche, il tressaille, comme si la vie même se sentait menacée. Le despotisme d'un parti, le pouvoir d'un dictateur, le césarisme, le droit divin, l'autocratie d'un comité de salut public, sans parler des systèmes absolutistes de fantaisie qui pullulent, peuvent lui déplaire à des degrés divers ; mais tous ces expédiens, déjà suffisamment connus, paraissent lui sourire assez peu. S'il n'est pas permis de prédire, il est du moins permis d'espérer, avec quelque vraisemblance, que, débarrassée de la fausse histoire, de la fausse philosophie et de la fausse politique qui se sont produites à propos de la révolution et traînées à sa suite, la France se dira qu'après tout le plus sûr moyen d'éviter un nouveau 93 est encore de s'en tenir à la tradition de 1789, à la fois maintenue dans ses conquêtes, développée en ce qui regarde les libertés locales, affermie et complétée dans ses garanties d'ordre et de gouvernement. À tenir un langage si raisonnable, nous savons qu'on risque de produire peu d'effet ; mais qu'y faire ? On peut s'en consoler en pensant qu'on est avec la vérité générale et humaine, toute conforme aux idées, si grandes et si simples, posées ou développées par la révolution, et qu'on est aussi avec la vérité de son temps.

H. BAUDRILLART